초등 저학년용

기탄교육

구성·특징 예비 초등용
"하루 10분, 글씨 쓰기로 입학 준비를 탄탄하게!"

예비 초등용에서는 한글의 자음자와 모음자를 정확한 순서로 따라 쓰며, **글자의 모양, 쓰는 순서, 기본 자세**까지 자연스럽게 익혀 봅니다.

- **한글 자음자·모음자 따라 쓰기**
  · 연필을 잡고 바르게 쓰는 법부터 시작해요.
  · 자음자 19개 + 모음자 21개를 순서에 맞게 정확히 따라 써요.
  · 따라 쓰기용 점선이 친절하게 제시되어 있어 첫 쓰기도 부담 없어요.

- **주제별 낱말·짧은 글 쓰기**
  · '학교', '가족', '생일' 등 아이에게 친숙한 주제의 낱말을 써 봐요.
  · 짧은 글 쓰기 연습을 통해 실생활과 연결된 글쓰기 감각을 키워요.
  · 알림장 쓰기 연습으로 입학까지 탄탄하게 준비해요.

- **칸이 점점 작아지는 단계별 구성**   고딕체로 글자의 정확한 형태를 익히고, 점점 작아지는 칸에 맞춰 쓰면서 **또박또박 쓰는 힘**을 길러요.

구성·특징 초등 저학년용

"바르고 예쁜 글씨는 '공부 잘하는 습관'의 시작!"

초등 저학년용에서는 글자 모양에 따라 글씨를 따라 쓰며, 다채로운 쓰기 활동을 통한 **본격적인 글씨 쓰기**를 연습합니다.

- **글자 모양에 따라 예쁘게 글씨 쓰기**
  · 글자 칸에 모양 틀을 제공하여, 글자 모양을 생각하며 글씨를 따라 써요.
  · '학교생활', '놀이터', '학용품' 등 아이에게 익숙한 주제로 낱말과 문장을 써요.

- **여러 가지 표현 및 다양한 쓰기 활동**
  · 수수께끼, 속담, 동화 속 대사 쓰기 등 다채로운 글씨 쓰기 활동을 해요.
  · 알림장 쓰기, 그림일기 등 실생활 속 쓰기 활동을 통해 글쓰기 능력을 길러요.

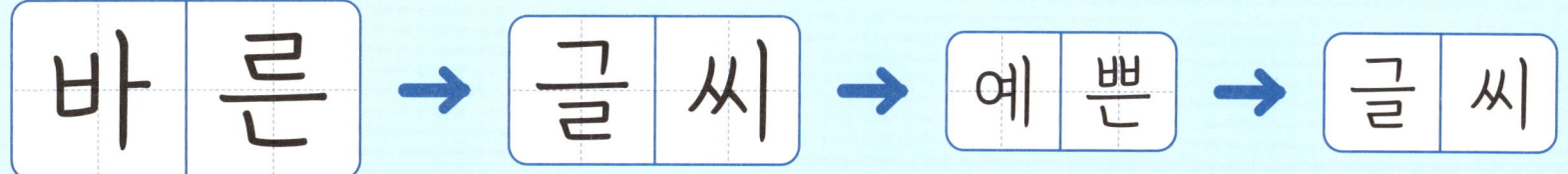

- **칸이 점점 작아지는 단계별 구성** 초등 국어 교과서의 쓰기 활동 기준 글씨체인 **명조체**를 사용하여, 보조선이 있는 칸에서 시작해 보조선이 없는 칸까지 점점 작아지는 글자 크기로 **정교한 글씨 쓰기**를 연습해요.

이렇게 활용하세요

오늘 글씨 쓰기는 어땠나요?

내 기분에 어울리는 얼굴을 골라 색칠해 보세요.
뒷면에 있어요!

글씨 쓰기 활동 내용을 알려 주어요.

글씨 쓰기 활동을 한 날짜를 쓰세요.

먼저 절취선을 따라 뜯어내세요.

학교생활과 관련된 낱말을 써요

월 일

10

학교생활, 놀이터 등 아이들에게 친숙한 생활 속 소재를 그림으로 먼저 살펴보고, 낱말이나 문장을 따라 써요.

글자 모양 틀에 맞춰 글씨 쓰기를 하다가 글자 모양이 익숙해지면 모양 틀 없이 글씨 쓰는 연습을 해요.

| 수 업 | 교 과 서 | 칠 판 | 시 간 표 |

회색 글자를 따라 써 보세요. 바른 글자 모양을 익힐 수 있어요.

| 책 상 | 의 자 | 사 물 함 | 지 구 본 |

도움말 글자를 천천히 쓰면서 칸 크기에 익숙해진 다음, 점점 쓰는 속도를 올리는 게 좋아요.

글씨를 쓸 때 도움이 되도록 간단한 도움말을 넣었어요.

아이들이 지루하지 않게 하루 한 장씩, 다양한 글씨 쓰기 활동으로 재미있게 학습해요.

주제와 관련된 글씨 쓰기

생활 속 다양한 활동을 주제로 글씨를 씁니다.

여러 가지 표현 쓰기

음식, 동물 등을 소재로 여러 가지 표현을 따라 씁니다.

알쏭달쏭? 수수께끼 쓰기

재미있는 수수께끼를 따라 쓰고, 답을 찾습니다.

동화 속 대사 쓰기

동화 속 한 장면을 떠올리며 대사를 따라 씁니다.

속담 쓰기

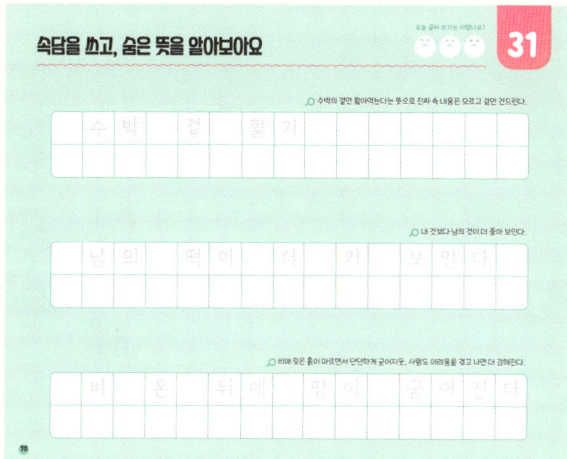

속담을 따라 쓰고, 속담의 숨은 뜻을 알아봅니다.

생활 속 알림장, 그림일기 쓰기

실생활 속 글쓰기 활동을 미리 연습합니다.

바르게 앉아요

글씨 쓰기의 가장 기본은 바른 자세로 앉는 것입니다. 자세가 바르지 않으면 손에 힘이 제대로 실리지 않고, 집중력이 떨어져 주의가 산만해집니다.

글씨를 쓸 때는 늘 다음과 같이 바른 자세를 유지하도록 해 보세요.

눈과 종이 사이에 약 30~40cm의 거리를 유지해요.

양손을 책상 위에 나란히 올려놓아요.

다리를 꼬지 않고, 발바닥이 바닥에 평평하게 닿도록 해요.

의자 끝까지 엉덩이가 들어가게 앉고, 허리를 곧게 펴요.

책상과의 사이에 어른 주먹 하나가 들어갈 만한 공간만 남기고 의자를 당겨 앉아요.

이렇게 앉으면 안 돼요!

고개를 너무 숙이거나 엎드리면 안 돼요. 종이에 얼굴을 가까이 대지 않아요.

의자 끝에 걸터앉으면 안 돼요. 책상과 몸이 너무 멀지 않게 해요.

턱을 괴거나 다리를 꼬고 앉지 않아요.

연필을 바르게 잡아요

글씨를 바르게 쓰기 위해서는 먼저 연필을 바르게 잡아야 합니다. 그래야 손가락에 적절하게 힘이 들어가 글씨를 곧고 선명하게 쓸 수 있습니다.

처음에는 조금 어색하더라도 연필을 바르게 잡는 습관을 기르도록 노력해 보세요.

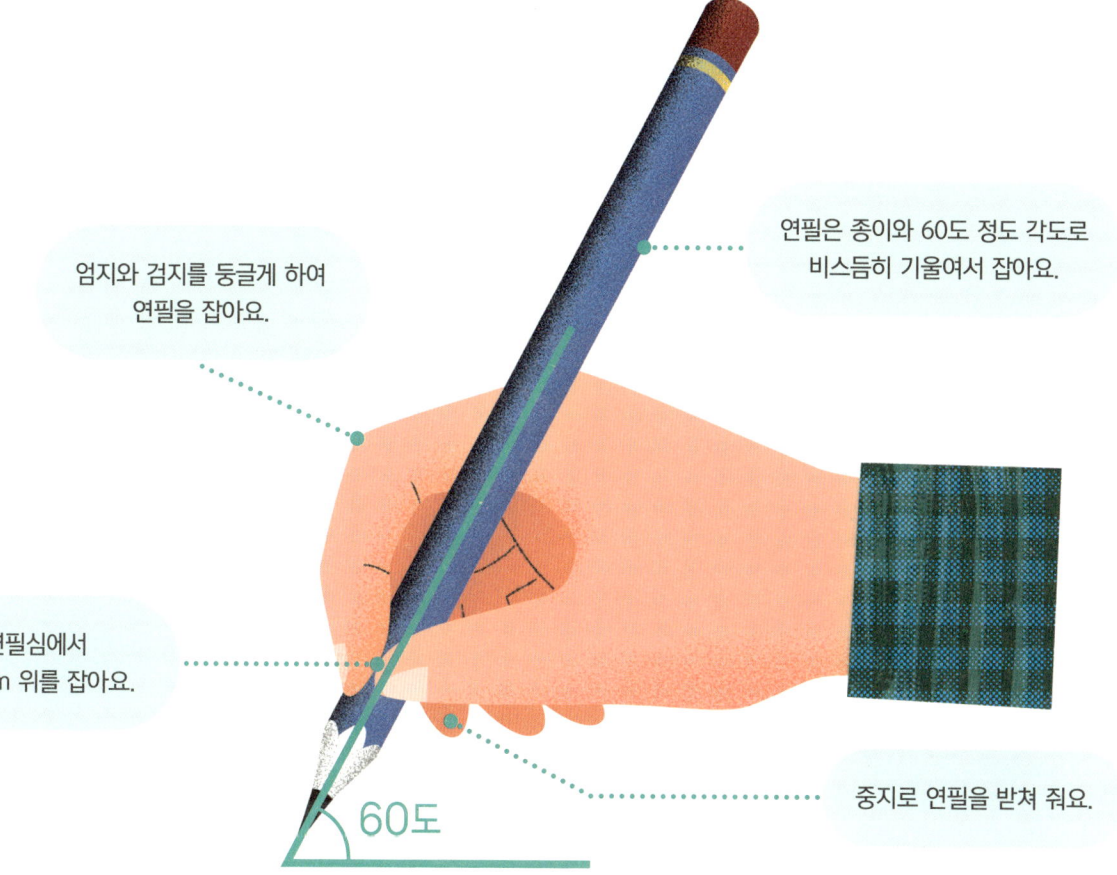

엄지와 검지를 둥글게 하여 연필을 잡아요.

연필은 종이와 60도 정도 각도로 비스듬히 기울여서 잡아요.

연필심에서 2~3cm 위를 잡아요.

중지로 연필을 받쳐 줘요.

이렇게 잡으면 안 돼요!

연필심과 너무 가깝게 잡으면 안 돼요.

엄지가 검지보다 밑에 있으면 안 돼요.

연필을 기울이지 않고 똑바로 세워서 잡으면 안 돼요.

악필을 고쳐 보세요

악필에도 여러 가지 유형이 있어요. 어떤 유형인지 알아보고, 유형별 알맞은 방법으로 글씨를 바르게 고쳐 보세요.

글씨 못 쓴다고 포기하지 마!
열심히 연습하면
너도 잘 쓸 수 있어!

글씨 크기가 들쭉날쭉해요

글자의 전체 모양을 정확하게 익히지 못했거나 자음자와 모음자, 받침을 배치하는 감각이 아직 부족하기 때문일 수 있어요.

줄만 있는 공책보다는 **글자 칸이 있는 공책을 사용해서 네모 칸 크기에 맞춰 자음자와 모음자, 받침을 적절하게 배분하는 연습**을 하면 좋아요. 줄만 있는 공책에서 글자를 쓸 때에는 **첫 글자의 크기로, 높이를 일정하게 맞춰 가며** 천천히 써 보게 하세요.

글씨를 너무 흘려서 써요

글쓰기가 지루하거나 빨리 끝내고 싶어 글씨를 아무렇게나 흘려 쓰는 경우가 많아요.

아이가 관심 있는 주제를 찾아 짧은 글을 자주 쓰는 연습으로 집중력을 잃지 않도록 도와주세요.

또 손의 힘이 부족할 때 글씨를 흘려 쓰기도 해요. **종이 오리기 놀이 등으로 소근육을 발달시키고, 연필을 올바르게 쥐는 습관을 길러** 글씨를 또박또박 쓸 수 있게 해 주세요.

글씨가 점점 올라가요

글씨를 쓸 때 '줄'이나 '기준선'의 개념을 제대로 인식하지 못했거나, 자세가 바르지 못해서 손가락에 힘이 너무 많이 들어갔을 수 있어요.

먼저 **책상 앞에 바른 자세로 앉아, 공책을 바르게 놓고 왼손으로 공책을 고정하여** 비뚤어지지 않게 한 다음, **글자가 공책의 줄을 벗어나지 않도록** 차분하게 한 자 한 자 집중해서 쓰는 연습을 꾸준히 해 보게 지도해 주세요.

내 이름을 예쁘게 써요

○ 월 ○ 일 **01**

글씨 쓰기 첫날! 소중한 내 이름을 예쁘게 써 보세요.

가족의 이름을 예쁘게 써요

오늘 글씨 쓰기는 어땠나요?

01

글씨 쓰기의 첫걸음!
우리 가족의 이름을
예쁘게 써 볼까?

손 풀기 | 직선을 따라 그어요   02

월   일

도움말 빨간 점에서부터 선을 벗어나지 않게 그어 보세요. 선을 따라 긋는 연습은 글씨 모양을 따라 쓰는 데 도움이 돼요.

손 풀기 | 곡선을 따라 그어요

오늘 글씨 쓰기는 어땠나요?

02

◁ 모양에 맞게 낱말을 예쁘게 써요

○월 ○일 03

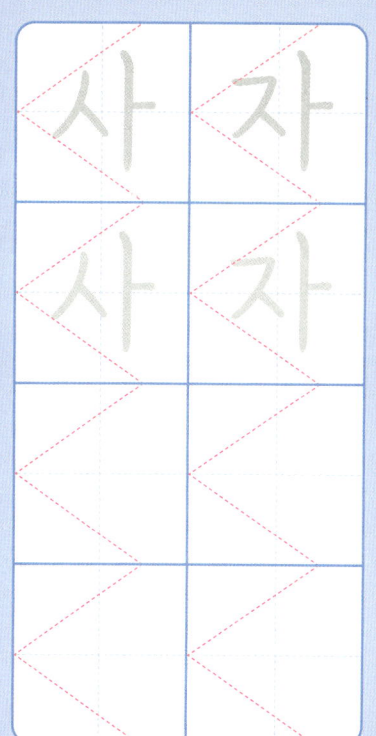
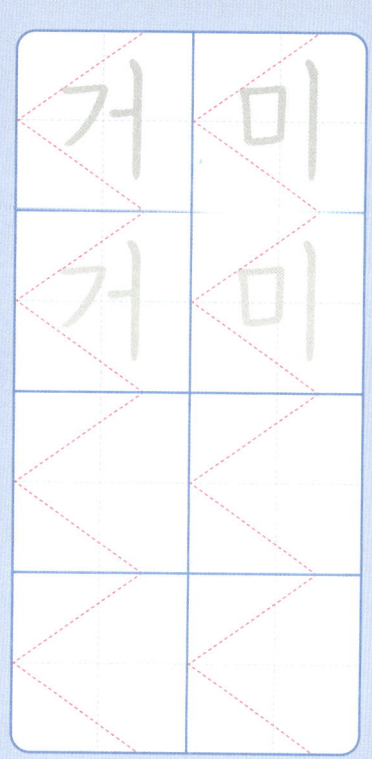

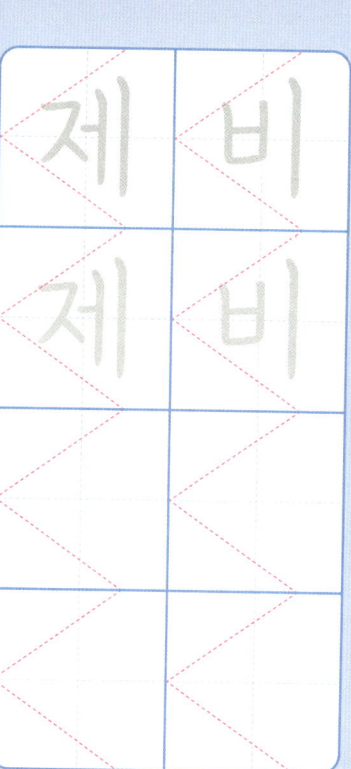

도움말 받침이 없고, 자음자와 'ㅏ, ㅑ, ㅓ, ㅕ, ㅣ, ㅐ, ㅔ, ㅒ, ㅖ'처럼 세로로 긴 모음자가 합쳐지는 글자를 쓸 때는 ◁ 모양에 맞게 자음자보다 모음자를 길게 써요.

◁ 모양에 맞게 낱말을 예쁘게 써요

오늘 글씨 쓰기는 어땠나요?

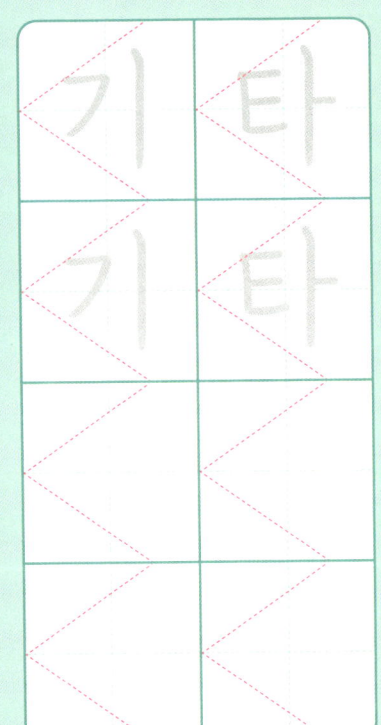   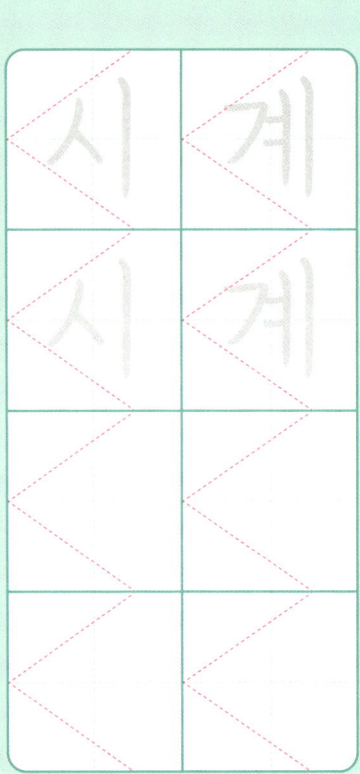

도움말 글씨를 따라 쓸 때는 보조선을 기준으로 하여 서두르지 않고 한 획씩 천천히 따라 써요.

△, ◇ 모양에 맞게 낱말을 예쁘게 써요

○ 월 ○ 일 04

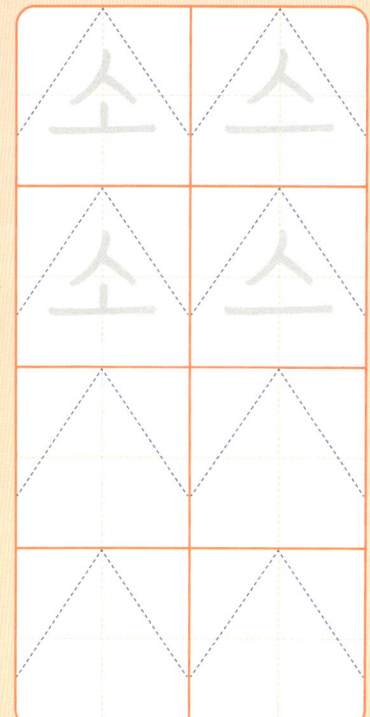
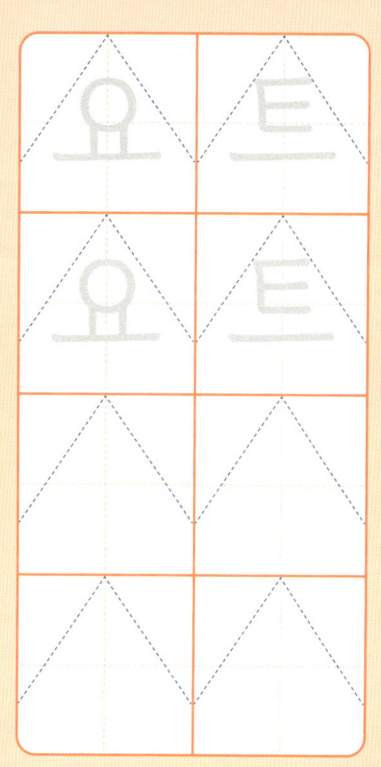
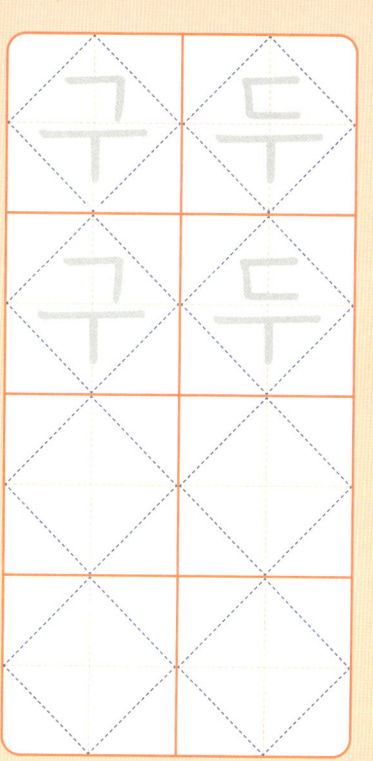

도움말 받침이 없고, 자음자와 'ㅗ, ㅛ, ㅡ' 모음자가 합쳐지는 글자는 △ 모양에 맞게 쓰고, 자음자와 'ㅜ, ㅠ' 모음자가 합쳐지는 글자는 ◇ 모양에 맞게 써요.

△, ◇ 모양에 맞게 낱말을 예쁘게 써요

오늘 글씨 쓰기는 어땠나요?

04

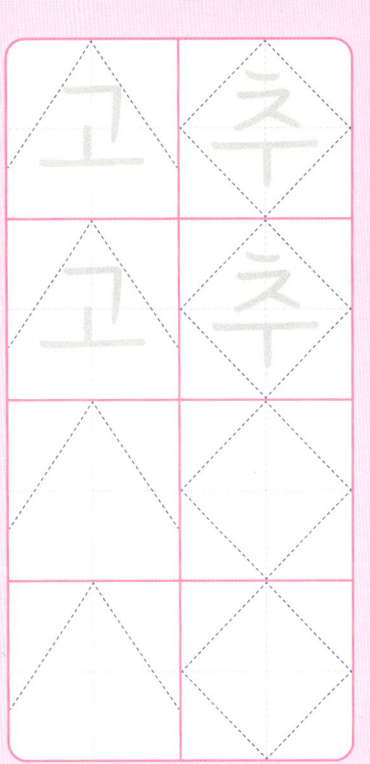
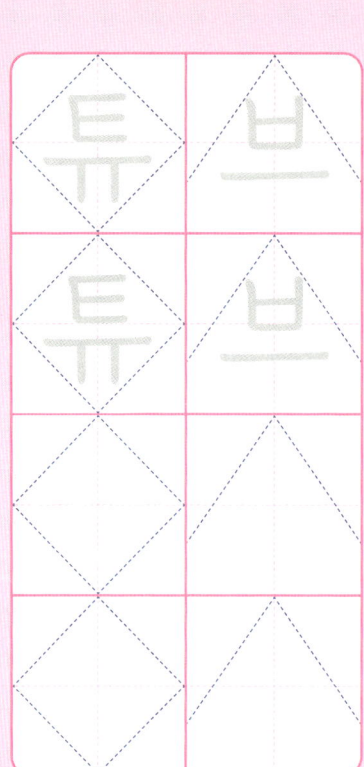

도움말 글씨를 쓸 때 보조선은 글씨 모양과 크기를 바르게 잡아 글씨를 균형 있게 쓰는 데 도움을 줘요.

◇ 모양에 맞게 낱말을 예쁘게 써요

 월 일 05

도움말 받침이 있고, 자음자와 'ㅗ, ㅛ, ㅜ, ㅠ, ㅡ'처럼 가로로 긴 모음자가 합쳐지는 글자를 쓸 때는 ◇ 모양에 맞게 자음자보다 모음자를 길게 쓰고, 받침을 써요.

◇ 모양에 맞게 낱말을 예쁘게 써요

오늘 글씨 쓰기는 어땠나요?

05

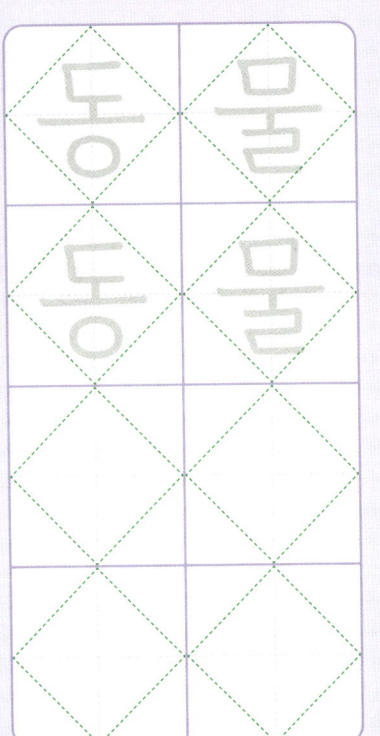
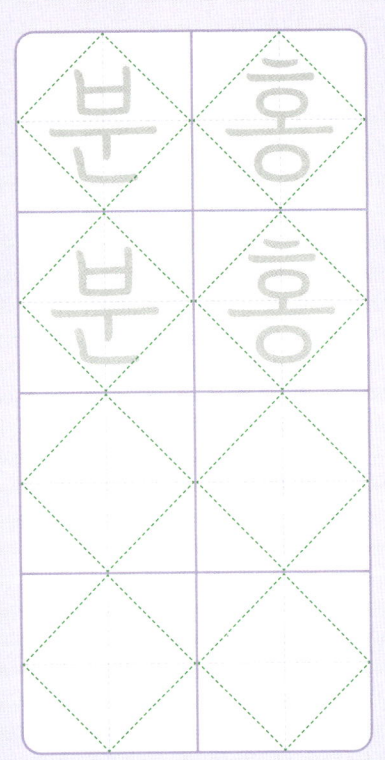

도움말 ◇ 모양의 글자는 자음자 → 모음자 → 받침의 순서로 자음자보다 모음자의 가로 길이를 더 길게 쓰고, 받침을 써야 하는 것을 잘 기억해서 예쁘게 글씨를 써요.

☐ 모양에 맞게 낱말을 예쁘게 써요

○월 ○일 **06**

| 학 | 생 | 장 | 갑 | 양 | 말 | 신 | 발 |
| 학 | 생 | 장 | 갑 | 양 | 말 | 신 | 발 |

도움말 받침이 있고, 자음자와 'ㅏ, ㅑ, ㅓ, ㅕ, ㅣ, ㅐ, ㅔ, ㅒ, ㅖ'처럼 세로로 긴 모음자가 합쳐지는 글자를 쓸 때는 ☐ 모양에 맞게 써요.

☐ 모양에 맞게 낱말을 예쁘게 써요

오늘 글씨 쓰기는 어땠나요?

06

생	선
생	선

달	걀
달	걀

경	찰
경	찰

햇	빛
햇	빛

도움말 받침이 있는 ☐ 모양 글자를 쓸 때 모음자의 세로 길이는 조금 짧게 쓰고 받침을 써요.

글자 모양을 잘 보고, 낱말을 예쁘게 써요

 07 월 일

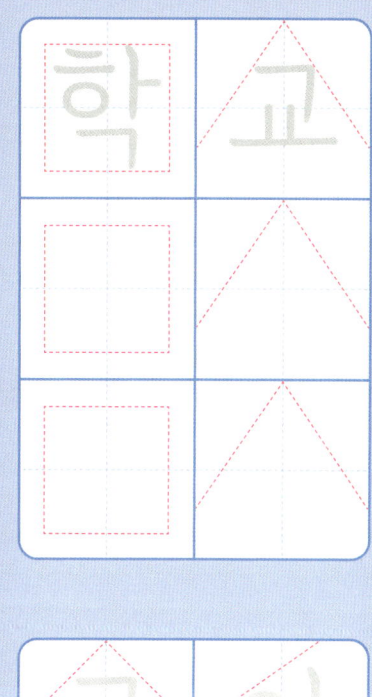

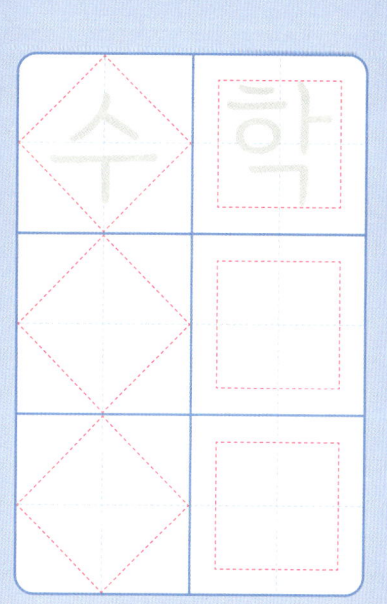

도움말 다양한 글자 모양의 낱말을 쓸 때는 획순을 지키면서 글자 모양에 맞게 천천히 쓰다 보면 예쁜 글씨를 쓸 수 있어요.

글자 모양을 잘 보고, 낱말을 예쁘게 써요

오늘 글씨 쓰기는 어땠나요?

07

 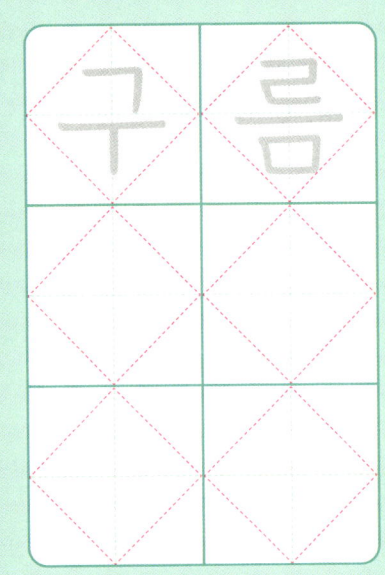 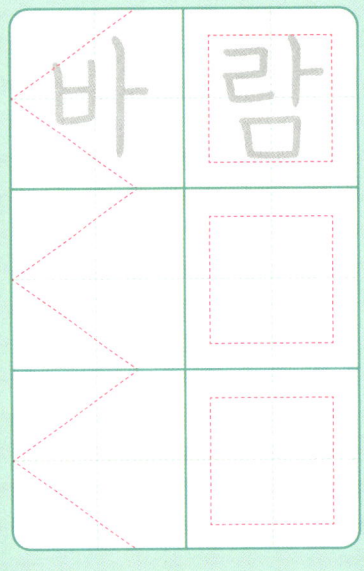 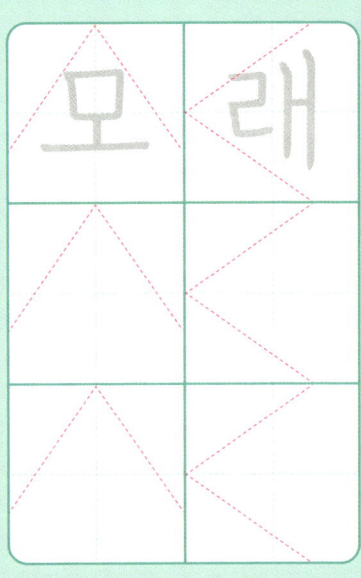

   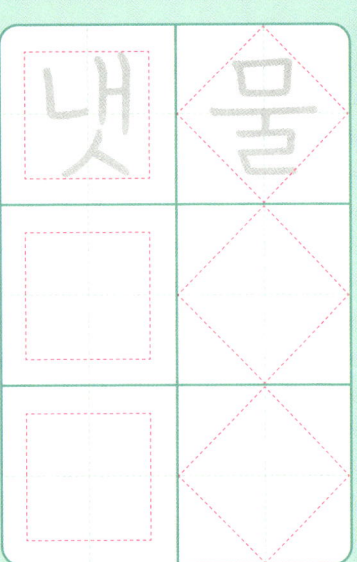

도움말 두 글자로 이루어진 자연과 관련된 낱말을 글자 모양에 익숙해지도록 반복해서 또박또박 써요.

글자 모양을 잘 보고, 낱말을 예쁘게 써요

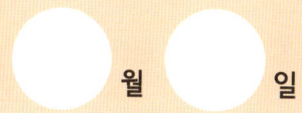

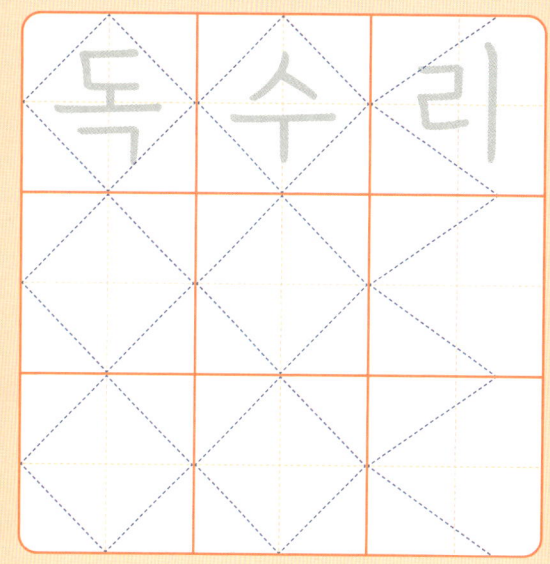
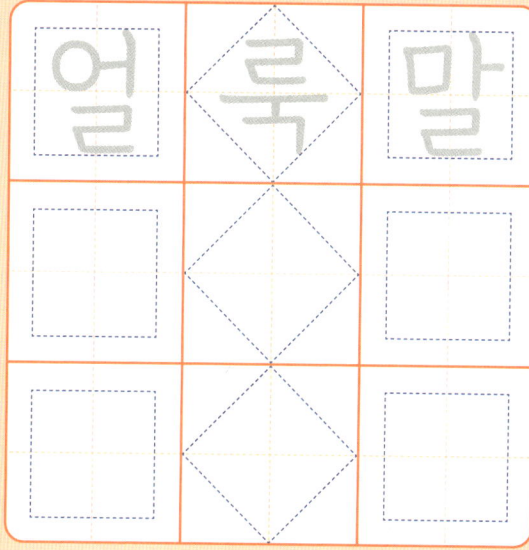

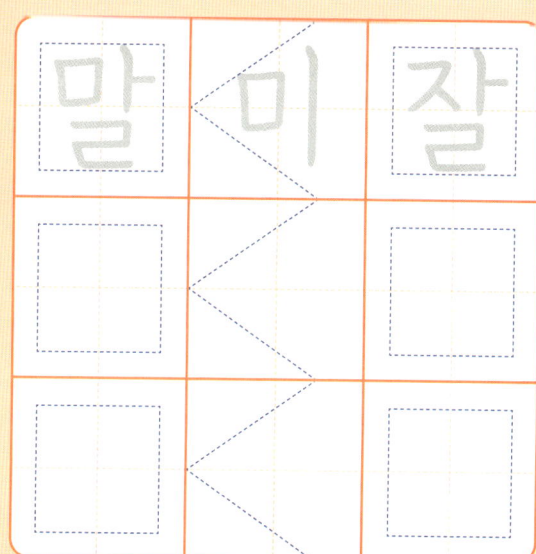

도움말 세 글자로 이루어진 동물 이름을 글자 모양에 익숙해지도록 반복해서 또박또박 써요.

글자 모양을 잘 보고, 낱말을 예쁘게 써요

오늘 글씨 쓰기는 어땠나요?

08

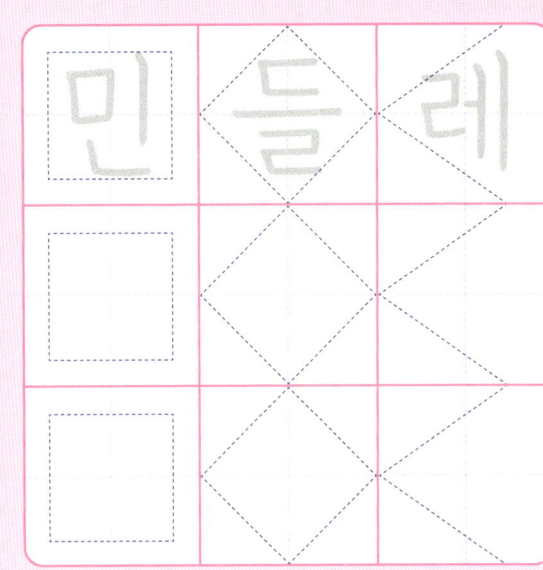
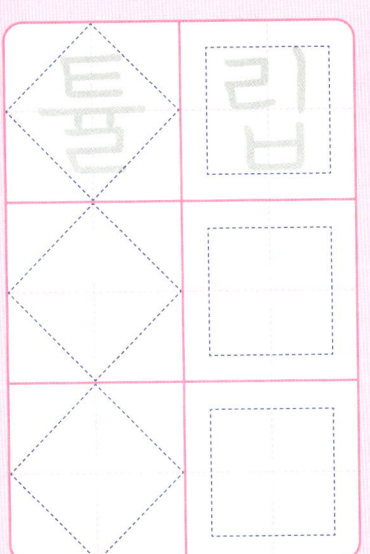

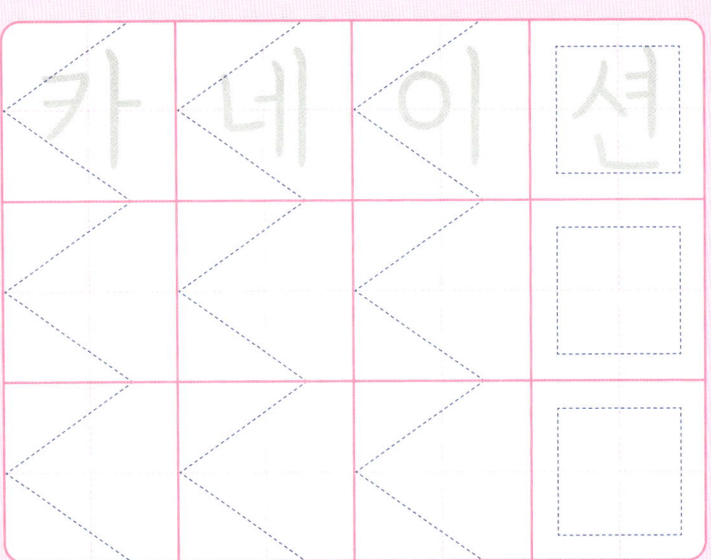

도움말 자음자와 'ㅘ, ㅙ, ㅚ, ㅝ, ㅞ, ㅟ, ㅢ'처럼 가로와 세로의 모음자가 합쳐지는 글자를 쓸 때는 □ 모양에 맞게 써요.

세면 활동과 관련된 낱말을 써요

09

월 일

| 세 수 | 비 누 | 수 건 | 세 면 대 |

| 욕 실 | 칫 솔 | 치 약 | 거 울 |

도움말 글자 칸이 작아졌어요. 작아진 글자 칸에 맞추어 쓰는 속도를 조금 천천히 늦춰서 쓰도록 해요.

깨끗한 세면 활동을 생각하며 문장을 써요

오늘 글씨 쓰기는 어땠나요?

09

손을 깨끗이 씻어요.

도움말 마침표(.)는 설명하는 문장 끝에 써요.

양치할 때는 윗니, 아랫니를 골고루 닦아요.

도움말 쉼표(,)는 부르는 말이나 여러 가지를 늘어놓을 때 써요.

학교생활과 관련된 낱말을 써요

10

○월 ○일

| 수업 | 교과서 | 칠판 | 시간표 |
| 책상 | 의자 | 사물함 | 지구본 |

도움말 글자를 천천히 쓰면서 칸 크기에 익숙해진 다음, 점점 쓰는 속도를 올리는 게 좋아요.

즐거운 학교생활을 생각하며 문장을 써요

10

오늘 글씨 쓰기는 어땠나요?

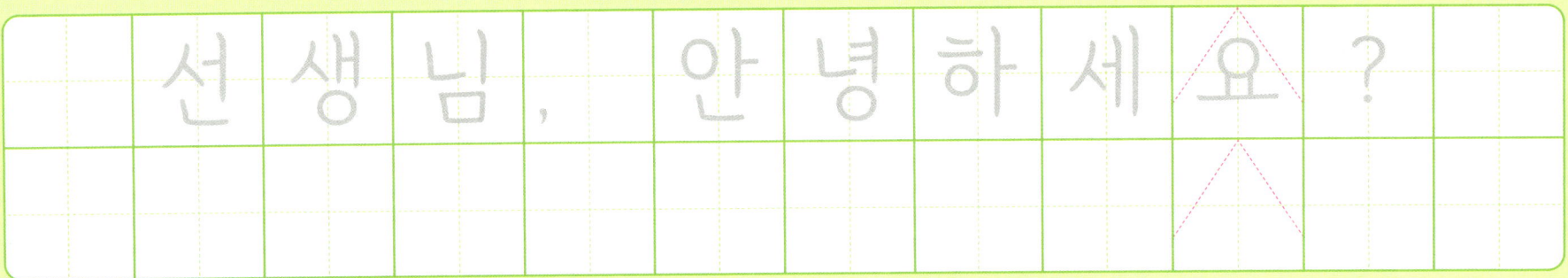

도움말 물음표(?)는 묻는 문장 끝에 써요.

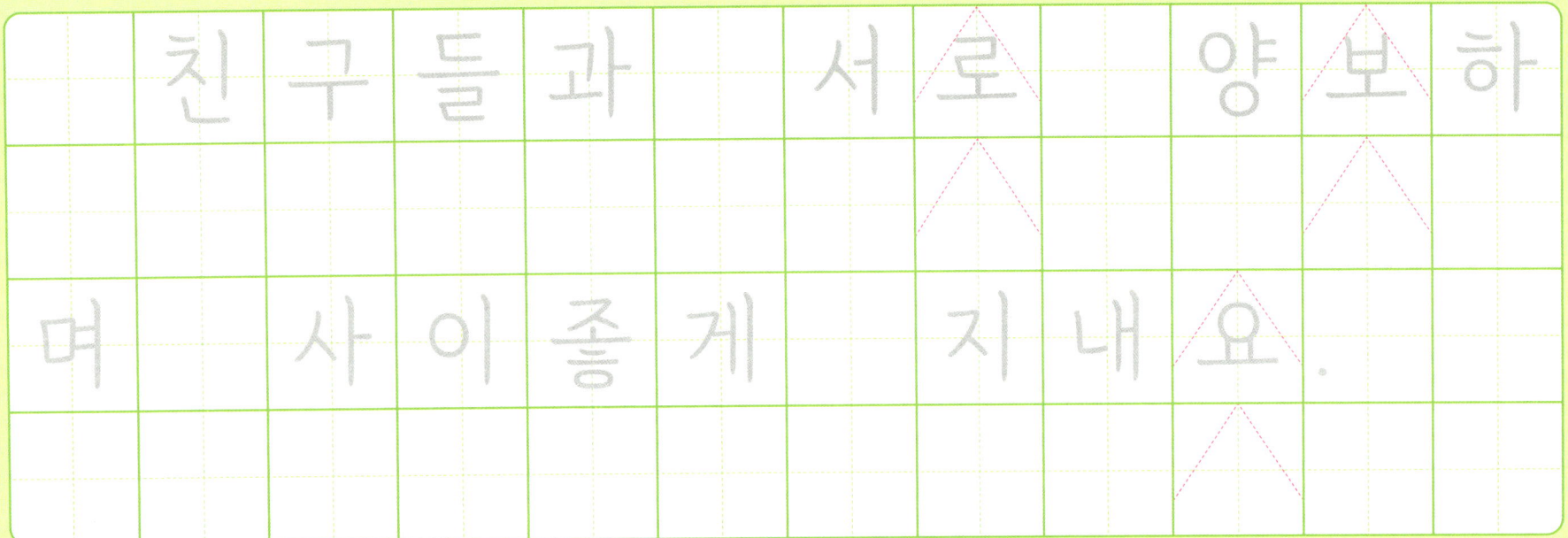

도움말 글자 모양 틀이 없어도 글자가 어떤 모양인지 떠올리며 글자 모양에 맞게 천천히 따라 써요.

놀이터와 관련된 낱말을 써요

○월 ○일 **11**

놀이터   그네   철봉   정글짐

미끄럼틀   시소   구름사다리

도움말 놀이터의 기구와 낱말을 연결시키면 낱말을 기억하는 데 도움이 되고, 글씨 쓰기에 더 집중할 수 있어요.

신나는 놀이터를 생각하며 문장을 써요

함께 즐기는 놀이터.

도움말 받침이 있는 글자를 쓸 때는 자음자, 모음자, 받침의 크기를 균형 있게 유지해야 해요.

놀이터에서 차례대로 질서를 지키며 놀아요.

도움말 글자 모양을 생각하며 획순에 맞게 또박또박 쓰다 보면 단정하고 예쁘게 글씨를 쓸 수 있어요.

학용품과 관련된 낱말을 써요

월 일 12

학	용	품
연	필
지	우	개
가	위

색	종	이
스	케	치	북
색	연	필

도움말 평소에 쓰는 학용품과 낱말을 연결하여 글씨 쓰기를 하면서 관찰력도 기르고, 집중도를 높여요.

소중한 학용품을 생각하며 문장을 써요

12

학용품을   아껴 써요.

> 도움말 'ㄲ, ㄸ, ㅃ, ㅆ, ㅉ'을 쓸 때는 두 자음자를 비슷한 크기로 나란히 맞춰 써요.

스케치북에   밝게   빛나는   달과   별을   그려요.

> 도움말 겹받침 'ㄺ'을 쓸 때는 두 자음자를 비슷한 크기로 나란히 맞춰 써요.

햄버거를 먹을 때의 느낌을 또박또박 써요

햄버거

입을 쩍, 한입 가득
쩝쩝! 맛있는 행복.

도움말 느낌표(!)는 느낌을 나타내거나 강조하고 싶을 때 써요.

짜장면을 먹을 때의 느낌을 또박또박 써요

오늘 글씨 쓰기는 어땠나요?

13

짜	장	면

쓱	쓱		비	벼	서		후	루	룩	!
이	게		바	로		천	국	의		맛	.

비빔밥을 먹을 때의 느낌을 또박또박 써요

비 빔 밥

알록달록 색깔은 무지개 같고, 영양은 가득!

피자를 먹을 때의 느낌을 또박또박 써요

14

오늘 글씨 쓰기는 어땠나요?

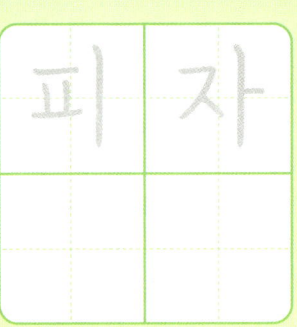

피	자

	치	즈	가		쭈	욱	,	한		조	각
의		피	자	에		행	복	이		쭉	!

젤리를 먹을 때의 느낌을 또박또박 써요

탱글탱글! 쫄깃쫄깃!

입안에서 춤추는 놀이.

아이스크림을 먹을 때의 느낌을 또박또박 써요

15

아 이 스 크 림

살 살 녹 는 차 가 움 !

내 마 음 까 지 사 르 르 .

솜사탕을 먹을 때의 느낌을 또박또박 써요

월 일 16

솜	사	탕

폭	신	폭	신		달	콤	한		맛	!
구	름	의			맛	도		똑	같	을	까	?

핫도그를 먹을 때의 느낌을 또박또박 써요

핫	도	그

빵	은		보	들	보	들	,		소	시	지
는		쫀	득	쫀	득	!		냠	냠	!	

16

원숭이의 모습을 또박또박 쓰요

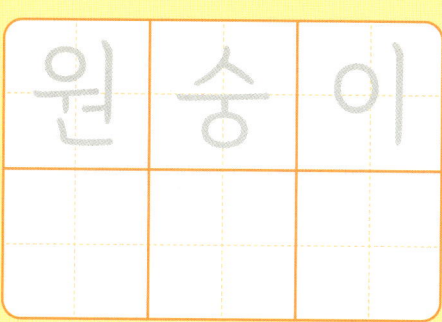

원숭이

휙휙! 꼬리를 흔들며
나무를 타는 재간둥이.

고슴도치의 모습을 또박또박 써요

오늘 글씨 쓰기는 어땠나요?

17

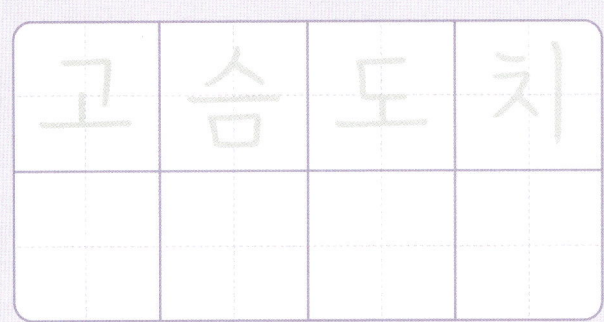
고슴도치

뾰족뾰족한 가시 옷을 입은 용감한 귀염둥이.

개구리의 모습을 또박또박 써요

개	구	리

	폴	짝	폴	짝	!		개	굴	개	굴	!
	연	못		위	의		점	프		선	수	.

펭귄의 모습을 또박또박 써요

오늘 글씨 쓰기는 어땠나요?

18

펭귄

얼음에서는 뒤뚱뒤뚱!

물속에서는 수영 선수.

바나나의 맛을 표현한 문장을 또박또박 써요

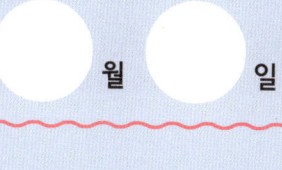

바	나	나

쏙! 껍질을 벗기면 달달하고 부드러운 맛.

사과의 맛을 표현한 문장을 또박또박 써요

19

오늘 글씨 쓰기는 어땠나요?

사 과

아삭아삭! 씹을수록 상쾌하고 상큼한 맛.

포도의 맛을 표현한 문장을 또박또박 써요

포	도

알맹이가 송알송알!

터지면 새콤달콤한 맛.

수박의 맛을 표현한 문장을 또박또박 써요

오늘 글씨 쓰기는 어땠나요?

20

수	박

뚜거운 여름도 사라지게 하는 시원한 맛.

봄 풍경을 떠올리며 봄과 관련된 낱말을 써요

월 일

21

진달래

개나리

새싹

꽃

잎사귀

도움말 글자 칸이 작아졌어요. 글자 칸을 벗어나지 않게 천천히 쓰면서 칸 크기에 익숙해진 다음 쓰는 속도를 올려요.

따뜻한 봄 풍경이 느껴지는 문장을 써요

21

오늘 글씨 쓰기는 어땠나요?

봄		내	음	이		가	득	한		꽃	향	기	가
퍼	지	자		노	란		날	개	의		나	비	가
봄	소	식	을		전	하	러		날	아	갔	어	요.

도움말 '내음'은 코로 맡을 수 있는 나쁘지 않거나 향기로운 기운을 나타내는 말이에요.

여름 풍경을 떠올리며 여름과 관련된 낱말을 써요

무더운 여름 풍경이 느껴지는 문장을 써요

오늘 글씨 쓰기는 어땠나요?

22

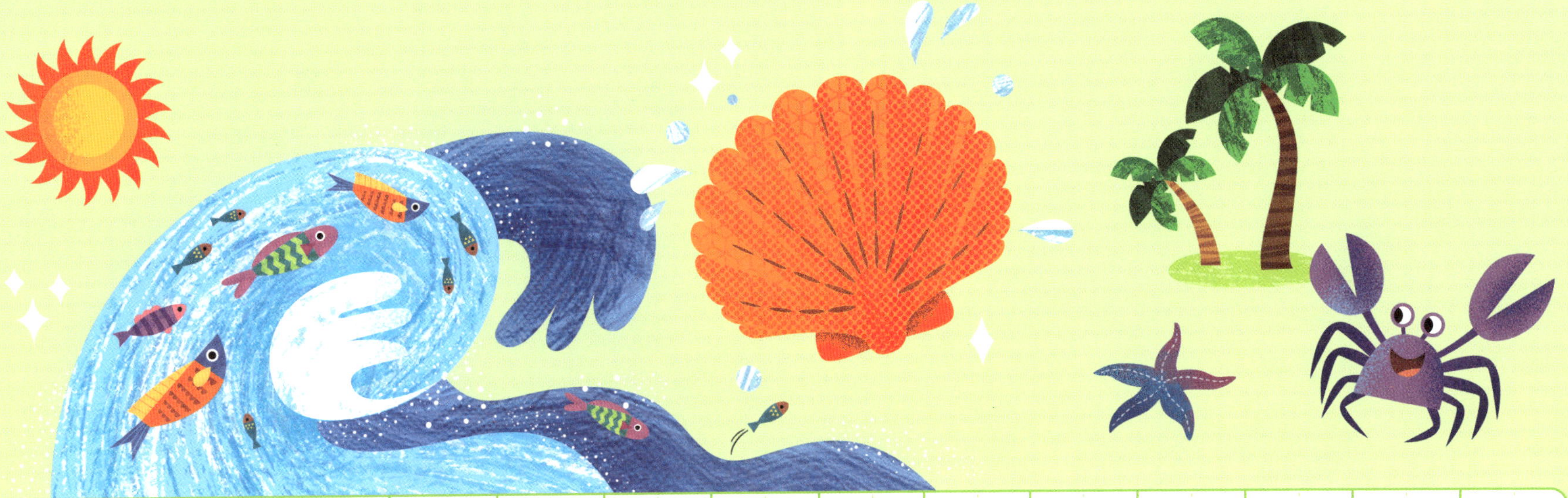

파도가 철썩철썩 밀려오자

숨어 있던 조개껍데기가 반짝

반짝 얼굴을 내밀었어요.

가을 풍경을 떠올리며 가을과 관련된 낱말을 써요

23

단풍나무

은행나무

나뭇잎

다람쥐

도토리

오늘 글씨 쓰기는 어땠나요?

23

시원한 가을 풍경이 느껴지는 문장을 써요

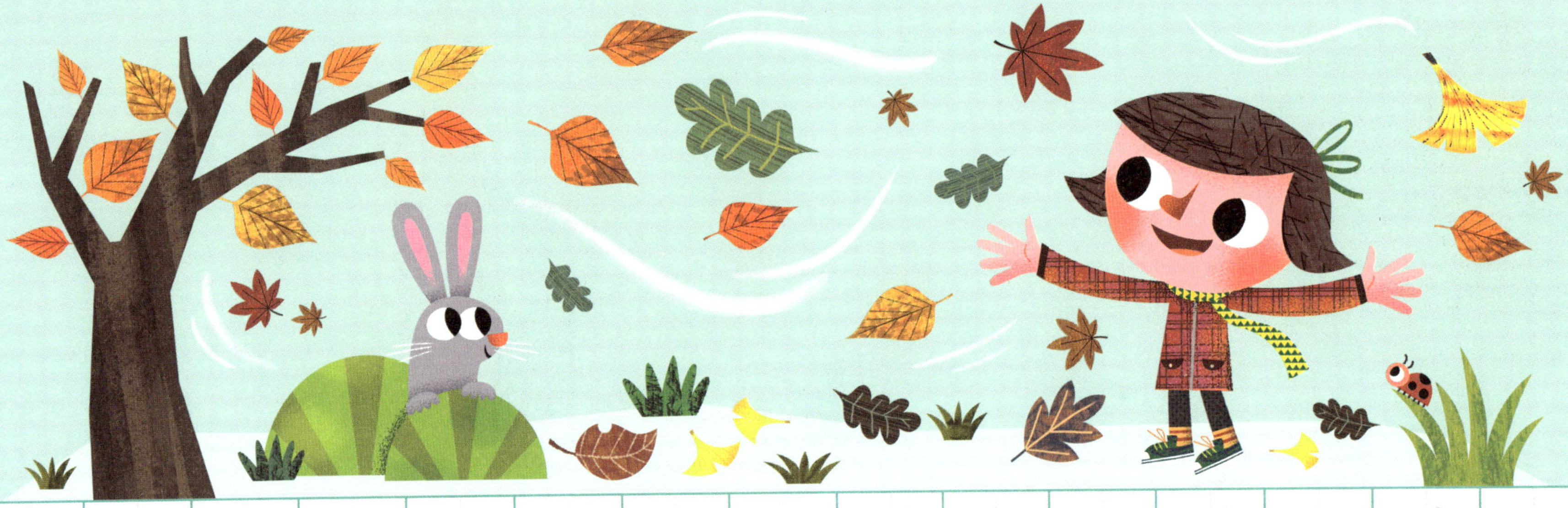

살랑살랑 바람이 불어오자
빨갛고 노란 나뭇잎들이 미끄
럼을 타듯 내려앉았어요.

겨울 풍경을 떠올리며 겨울과 관련된 낱말을 써요

추운 겨울 풍경이 느껴지는 문장을 써요

흰 눈이 펑펑 내리면 뽀드득뽀드득 눈 밟는 소리로 겨울이 온 것을 알려 주어요.

알쏭달쏭? 수수께끼를 쓰고, 답을 찾아 써요

★ 정답은 26회 글씨 쓰기에 있어요.

세상에서 돈이 가장 많은 나무는?

답 [ ][ ][ ][ ]

똑똑한 사람만 들어갈 수 있는 곳은?

답 [ ][ ][ ]

 도움말 보조선이 없는 칸에 글씨를 쓸 때는 눈으로 보조선을 떠올리면서 자음자, 모음자, 받침의 간격을 균형 있게 유지하면서 써요.

알쏭달쏭? 수수께끼를 쓰고, 답을 찾아 써요

25

신이 발끈하면?

답

왕이 넘어지면?

답

얼음이 죽으면?

답

도움말 답은 수수께끼의 말의 소리와 의미를 그림과 연결하여 생각하면 쉽게 떠올릴 수 있어요.

26 알쏭달쏭? 수수께끼를 쓰고, 답을 찾아 써요

★ 정답은 27회 글씨 쓰기에 있어요.

| 세상에서 | 가장 | 뜨거운 |
| 과일은? |

답:

| 세상에서 | 가장 | 장사를 |
| 잘하는 | 동물은? |

답:

알쏭달쏭? 수수께끼를 쓰고, 답을 찾아 써요

사 과 가　웃 으 면 ?

답

우 유 가　넘 어 지 면 ?

답

왕 이　인 사 하 면 ?

답

25회 정답　은행나무, 화장실 / 신발끈, 킹콩, 다이빙

동화 속의 장면을 상상하며 대사를 써요

27
월 일

거울아, 거울아! 이 세상에 서 누가 제일 예쁘지?

동화 속의 장면을 상상하며 대사를 써요

오로지 마음으로 보아야만 볼 수 있어. 중요한 것은 눈에 보이지 않거든.

26회 정답: 천도복숭아, 판다 / 풋사과, 아야, 하이킹(바이킹)

동화 속의 장면을 상상하며 대사를 써요

월 일

28

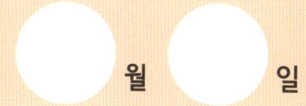

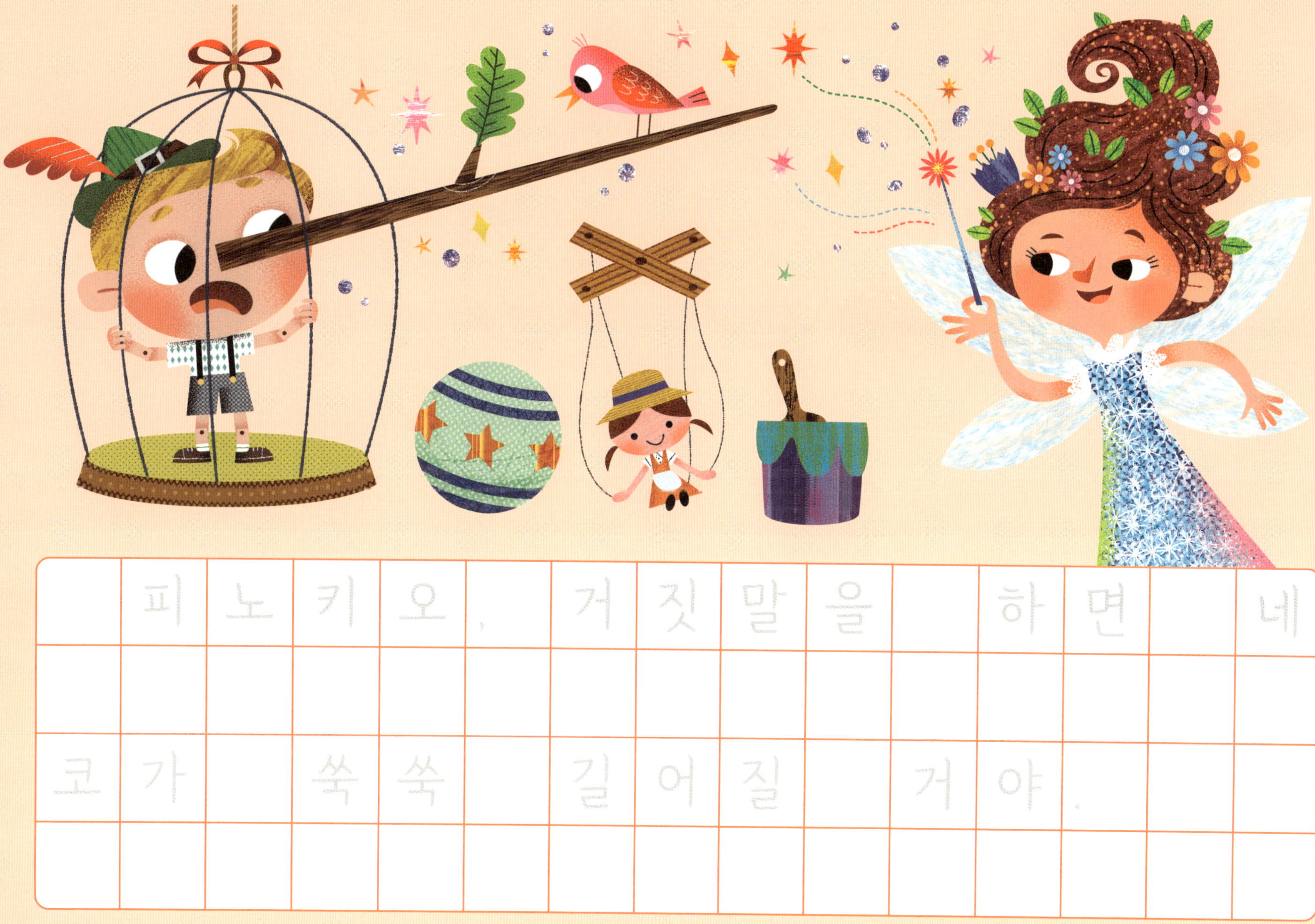

	피	노	키	오	,	거	짓	말	을		하	면		네
코	가		쑥	쑥		길	어	질		거	야	.		

동화 속의 장면을 상상하며 대사를 써요

신데렐라, 어서 무도회에 가 보렴. 그런데 밤 열두 시가 되기 전에 돌아와야 한단다.

속담을 쓰고, 숨은 뜻을 알아보아요

🔍 아무리 작은 것이라도 모이고 모이면 나중에 큰 덩어리가 된다.

| 티 | 끌 | | 모 | 아 | | 태 | 산 | | | | |

도움말 '티끌'은 몹시 작거나 적음을 나타내는 말이고, '태산'은 크고 많음을 나타내는 말이에요.

🔍 일이 이미 잘못된 뒤에는 손을 써도 소용이 없다.

| 소 | | 잃 | 고 | | 외 | 양 | 간 | | 고 | 친 | 다 |

도움말 '외양간'은 소나 말을 기르는 곳이에요.

🔍 아무리 익숙하고 잘하는 사람이라도 간혹 실수할 때가 있다.

| 원 | 숭 | 이 | 도 | | 나 | 무 | 에 | 서 | | 떨 | 어 | 진 | 다 |

속담을 쓰고, 숨은 뜻을 알아보아요

🔍 나쁜 일을 아무리 남모르게 한다고 해도 여러 번 계속하면 결국에는 들키고 만다.

| | 꼬 | 리 | 가 | | 길 | 면 | | 밟 | 힌 | 다 | |

🔍 지은 죄가 있으면 자연히 마음이 조마조마하여진다.

| | 도 | 둑 | 이 | | 제 | | 발 | | 저 | 리 | 다 |

(도움말) '제 발'은 자기 발을 나타내는 말이고, '저리다'는 피가 잘 통하지 않아 아픈 것을 나타내는 말이에요.

🔍 사람이 전달하는 말은 비록 발이 없지만 천 리 밖까지도 순식간에 퍼진다.

| 발 | | 없 | 는 | | 말 | 이 | | 천 | | 리 | 간다 |

(도움말) '리'는 거리의 단위로, '천 리'는 매우 먼 거리를 나타내는 말이에요.

속담을 쓰고, 숨은 뜻을 알아보아요

🔍 비슷비슷한 사람끼리 서로 다툰다거나, 서로 비슷비슷하여 비교해 볼 필요가 없다.

| 도 | 토 | 리 | 키 | 재 | 기 | | | | |

🔍 쉬운 일이라도 서로 도와서 하면 훨씬 쉽다.

| 백 | 지 | 장 | 도 | 맞 | 들 | 면 | 낫 | 다 | |

도움말 '백지장'은 종이 한 장 한 장, '맞들면'은 서로 함께 들면, '낫다'는 더 좋다는 말이에요.

🔍 아무리 순하고 보잘것없는 사람도 너무 함부로 대하면 반항한다.

| 지 | 렁 | 이 | 도 | 밟 | 으 | 면 | 꿈 | 틀 | 한 | 다 |

속담을 쓰고, 숨은 뜻을 알아보아요

🔍 서로 비슷한 점이 있는 것끼리 서로 잘 어울린다.

| 가 | 재 | 는 | | 게 | | 편 | 이 | 다 | | | |

🔍 몸집이 작은 사람이 큰 사람보다 재주가 뛰어나고 야무지다.

| 작 | 은 | | 고 | 추 | 가 | | 더 | | 맵 | 다 | |

🔍 어릴 적 버릇은 늙을 때까지 고치기 힘들다.

| 세 | | 살 | | 버 | 릇 | | 여 | 든 | 까 | 지 | | 간 | 다 |

도움말 '여든'은 팔십이에요.

속담을 쓰고, 숨은 뜻을 알아보아요

🔍 힘을 다하고 정성을 다하여 한 일은 반드시 좋은 결과를 얻게 된다.

| 공 | 든 | | 탑 | 이 | | 무 | 너 | 지 | 랴 | | |

도움말 '공든'은 정성과 노력을 많이 들였다는 말이에요.

🔍 무슨 일이든 그 일의 시작이 중요하다.

| 천 | 리 | | 길 | 도 | | 한 | | 걸 | 음 | 부 | 터 |

🔍 ㄱ(기역) 자 모양의 낫을 보면서도 기역 자를 모른다는 말로 아주 무식하다.

| 낫 | | 놓 | 고 | | 기 | 역 | | 자 | 도 | | 모 | 른 | 다 |

도움말 '낫'은 곡식, 나무, 풀 따위를 베는 데 쓰는 농기구예요.

속담을 쓰고, 숨은 뜻을 알아보아요

🔍 수박의 겉만 핥아먹는다는 뜻으로 진짜 속 내용은 모르고 겉만 건드린다.

| | 수 | 박 | | 겉 | | 핥 | 기 | | | | | | |

🔍 내 것보다 남의 것이 더 좋아 보인다.

| | 남 | 의 | | 떡 | 이 | | 더 | | 커 | | 보 | 인 | 다 |

🔍 비에 젖은 흙이 마르면서 단단하게 굳어지듯, 사람도 어려움을 겪고 나면 더 강해진다.

| | 비 | | 온 | | 뒤 | 에 | | 땅 | 이 | | 굳 | 어 | 진 | 다 |

예쁘게 글씨를 쓰는 바른 습관을 써요

	연	필	을		바	르	게		잡	고		바	른
자	세	로		앉	아	서		글	씨	를		써	요	.

도움말 연필은 엄지, 검지, 중지로 가볍게 잡고, 자세는 허리를 세우고 몸을 책상에 너무 숙이지 않아야 해요.

| | 가 | 로 | 선 | 과 | | 세 | 로 | 선 | 은 | | 반 | 듯 | 하 | 게 |
| 긋 | 고 | , | | 획 | | 순 | 서 | 에 | | 맞 | 게 | | 써 | 요 | . |

도움말 가로선은 왼쪽에서 오른쪽으로, 세로선은 위에서 아래로 선을 그어야 해요.

예쁘게 글씨를 쓰는 바른 습관을 써요

32

오늘 글씨 쓰기는 어땠나요?

글자 모양을 생각하며 자음보다 모음을 더 길게 써요.

도움말 글씨를 ◁, △, ◇, □ 모양에 따라 바르게 쓰다 보면 글씨가 읽기 쉽고, 예쁘게 보여요.

문장은 높이를 일정하게 맞추고 맞춤법을 지키며 써요.

도움말 맞춤법이 어려울 때는 글자를 많이 따라 쓰고, 글을 많이 읽으면 도움이 돼요.

알림장 쓰는 법을 알고, 전달 사항을 따라 써요

월 일

33

글자 칸이 없이 글씨를 쓸 때는 띄어쓰기를 확인하고 따라 써요.

알림장을 쓴 날짜와 요일을 써요.

선생님과 부모님께 알림장을 보여 드리고 도장이나 사인을 받아요.

전달 사항을 알림장에 써요.

전달 사항
1. 연필 깎아 오기
2. 색종이, 가위 준비하기
3. 받아쓰기 연습하기
4. 독서 공책 가져오기
5. 학교 지각하지 않기

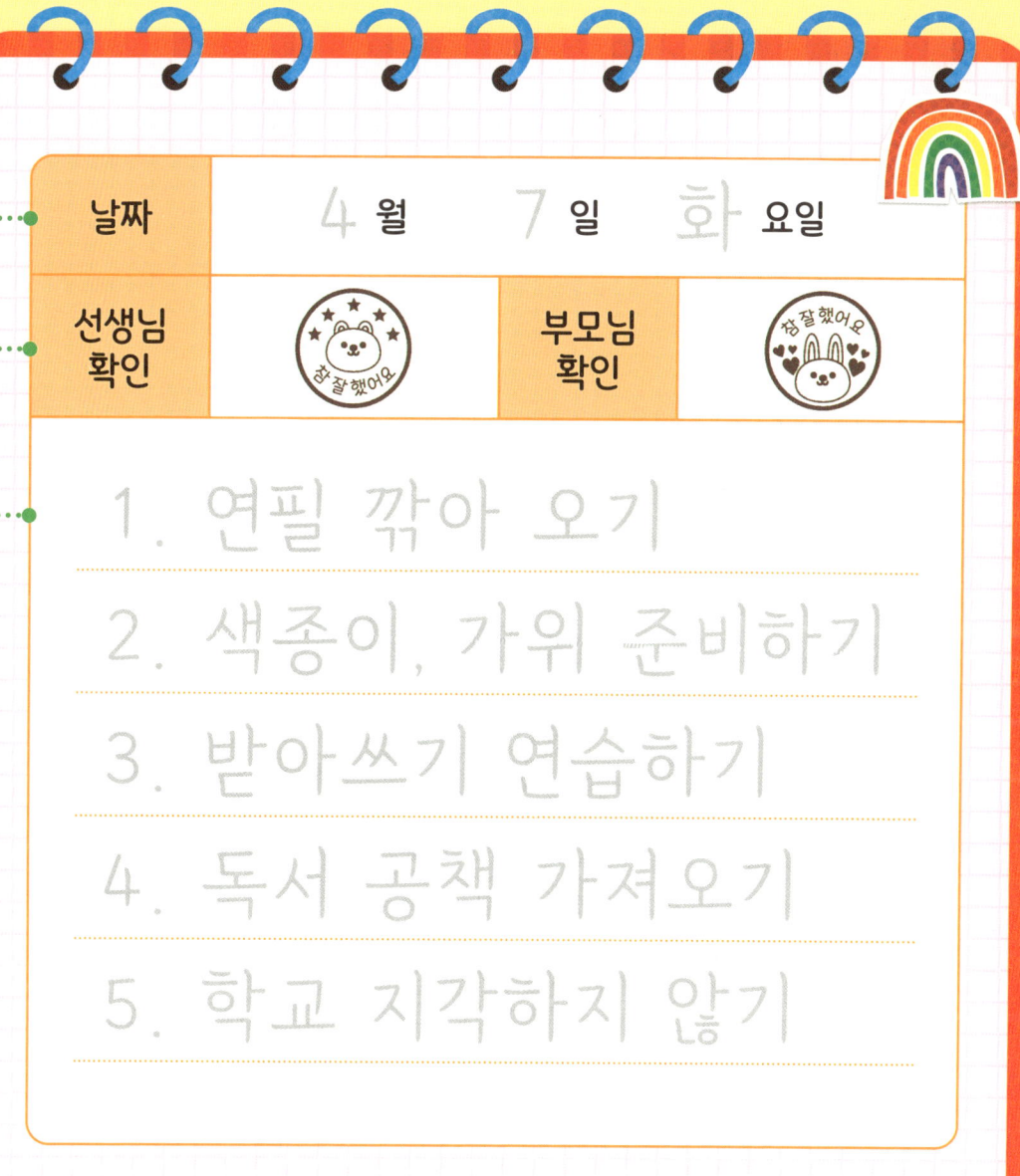

전달 사항을 보고, 알림장에 써요

33

오늘 글씨 쓰기는 어땠나요?

전달 사항

1. 수학 숙제 하기
2. 줄넘기 연습하기
3. 가족 기념일 알아오기
4. 개인 물통 준비하기
5. 교통안전 지키기

가로줄에 글을 쓸 때는 띄어쓰기를 지키고, 글자 크기를 균형 있게 유지하면서 글씨를 써요.

날짜	월	일	요일
선생님 확인		부모님 확인	

1. 수학 숙제 하기

그림일기 쓰는 법을 알고, 또박또박 따라 써요

○월 ○일

34

가장 기억에 남은 일을 찾아요.

그림일기를 쓴 날짜와 요일, 날씨를 써요.

기억에 남은 일을 떠올리며 그림으로 그려요.

기억에 남은 일을 띄어쓰기, 맞춤법에 주의하여 글로 써요.

| 날짜 | 5월 5일 화요일 | 날씨 | 맑음 |

오늘은 어린이날이다.
가족들과 신나게 놀아서
너무 즐거운 하루였다.

기억에 남은 일을 그림일기로 써요

34

오늘 글씨 쓰기는 어땟나요?

날짜	월 일 요일	날씨	

소개하는 글을 따라 써요

와! 글씨 쓰기 마지막 날이에요. 마지막까지 또박또박 예쁘게 글씨를 써 보세요.

내가 잘하는 것을 3가지 써 보세요.

1. 스스로 일찍 일어납니다.
2. 줄넘기를 잘합니다.
3. 밥을 남기지 않고 꼭꼭 씹어 먹습니다.

내가 좋아하는 음식을 3가지 써 보세요.

1. 치즈가 가득한 햄버거
2. 뜨거운 밥 위에 올린 카레
3. 여러 가지 나물이 들어간 비빔밥

나를 소개하는 글을 써요

오늘 글씨 쓰기는 어땠나요?

35

내가 잘하는 것을 3가지 써 보세요.

드디어 한 권 끝!
처음보다 글씨가 예뻐졌지?
정말 수고했어!

내가 좋아하는 음식을 3가지 써 보세요.

쓰기 노트

쓰기 노트